Extrait du Journal des Économistes
n° de mars 1864.

# LA
# DÉMOCRATIE ET L'INSTRUCTION

## DISCOURS D'OUVERTURE

DES

## COURS PUBLICS DE NICE

1863-1864

PAR

## M. FRÉDÉRIC PASSY

PROFESSEUR D'ÉCONOMIE POLITIQUE

Ivo gridando : pace, pace, pace.

PÉTRARQUE

PARIS

GUILLAUMIN ET Cⁱᵉ LIBRAIRES-ÉDITEURS

rue de Richelieu, 14.

**BORDEAUX,** FERET. | **NICE,** VISCONTI.

1864

# COURS PUBLICS DE NICE

## (1863-1864)

DISCOURS D'OUVERTURE PRONONCÉ LE 19 DÉCEMBRE 1863

PAR M. FRÉDÉRIC PASSY

Professeur d'économie politique

(*Extrait du* JOURNAL DES ÉCONOMISTES, numéro du 15 mars 1864).

MESDAMES, MESSIEURS,

En montant aujourd'hui le premier dans cette chaire, en venant, avant d'autres voix connues et justement aimées, faire entendre ici la voix inconnue d'un étranger, j'ai besoin de rappeler que c'est à ce titre d'*étranger* que je dois le périlleux honneur de prendre, au nom de la science, possession de cette salle, si libéralement consacrée à son culte. J'ai besoin de penser, surtout, que les mêmes sentiments d'hospitalière et prévenante bienveillance, qui ont animé mes nouveaux collègues, animent en ce moment la foule d'élite qui se presse autour de nous; et que mes premières paroles, plus imparfaites encore sans doute que celles que je pourrai vous adresser par la suite, trouveront auprès de vous une indulgence au moins égale à mon trouble.

C'est toujours une grande épreuve, en effet, Messieurs, quoi qu'en puissent penser parfois ceux qui ne la connaissent pas, que celle d'une première apparition devant un auditoire quel qu'il soit; et ce n'est pas malheureusement à la seule médiocrité présomptueuse que peut arriver cette mésaventure ridicule dont parle Boileau :

> ...... Et le triste orateur
> Demeure enfin muet aux yeux du spectateur.

L'immortel auteur de *Paul et Virginie*, pour n'en citer qu'un, porté par sa réputation alors dans tout son éclat à une chaire où il semblait que son éloquence dût faire merveilles, ne parvint, dit-on, qu'à balbutier péniblement ces mots : « Je suis père de famille et j'habite à la campagne. » En vain ses..... *spectateurs* furent-ils exemplaires; en vain, avec les égards dus à un si beau génie, s'efforcèrent-ils, pendant une heure, par les manifestations les plus sympathiques, de rendre au « triste

"

orateur » le calme et la possession de lui-même...; ce fut toute sa première et, si je ne me trompe, sa dernière leçon; et c'est à cette déclaration, d'une moralité irréprochable assurément, que se borna le cours de Morale qu'on attendait de lui. Après de tels exemples, il est au moins permis de ne pas faire, «sans y penser,» ce «premier pas,» qui si souvent décide des autres; et bien que je pusse, sans manquer en rien à la vérité, reprendre pour mon compte la phrase de Bernardin de Saint-Pierre, vous ne vous trouveriez sans doute, Messieurs, ni moi non plus, satisfaits d'une imitation trop complète de ce grand modèle.

Ce n'est pas la première fois, il est vrai (et peut-être cette circonstance avait-elle paru à quelques-uns d'entre vous commander à mon égard plus de sévérité et de rigueur), ce n'est pas la première fois, je l'avoue, que j'ai à prononcer un *discours d'ouverture* (1); et déjà, sur plus d'un théâtre important, il m'a été donné de convier, et de convier efficacement, le public à l'exposition des principes de la science dont je voudrais vous entretenir à votre tour. A quoi servirait de m'en défendre, puisque, propagé par des voix bienveillantes, l'écho lointain de mes leçons m'avait précédé parmi vous? Et ne serais-je pas aussi manifestement maladroit qu'ingrat si je reniais en ce moment, par une humilité mal entendue, des travaux qui sont à la fois la meilleure partie de ma vie passée et mon titre le plus réel à votre bon accueil comme au précieux patronage de la chambre de commerce et des administrateurs éclairés, sous les auspices desquels nous sommes réunis en ce lieu (2)?

Mais, Messieurs, — outre qu'il est des dangers qu'on connaît d'autant mieux qu'on les a plus souvent affrontés, — pour l'homme qui prend au sérieux cette tâche de parler en public, dans laquelle on ne voit si souvent que des satisfactions puériles et sans valeur; pour celui qui, curieux d'autre chose que de ce vain bruissement des succès personnels qui s'achète souvent à si bas prix et passe si vite, aspire à déposer dans les esprits et dans les âmes un peu de cette semence obscure, mais féconde, d'où naissent avec le temps la conviction et la lumière; pour celui qui, respectant sa voix parce qu'il respecte les oreilles destinées à l'entendre, sait que, quelque faible qu'elle soit, elle est une puissance pourtant, de l'emploi de laquelle il répond devant Dieu et devant les hommes, une

---

(1) Voy. *Leçons d'économie politique* faites à Montpellier, et *Discours d'ouverture* des conférences faites à Bordeaux.

(2) C'est à la chambre de commerce de Nice, imitatrice en cela de la chambre de commerce de Montpellier, qu'appartient l'initiative de la première démarche relative au cours d'économie politique de Nice. C'est le concours prêté à cette idée par l'administration municipale et préfectorale, et l'approbation intelligente donnée à ces excellentes intentions par le ministre et le conseil impérial de l'instruction publique, qui ont développé ce germe et permis la fondation des *Cours publics* de Nice.

arme de vérité ou d'erreur dont tous les coups, bien ou mal portés, se
ront mis à son compte par une Justice exacte autant qu'infaillible;.....
pour celui-là, Messieurs, c'est un moment solennel et j'oserai dire ter-
rible que celui où il lui faut ouvrir de nouveau, après un long silence,
cette source dont les flots, une fois épanchés, ne peuvent être ni arrêtés
ni repris; et plus la fortune a paru pendant longtemps sourire à ses
efforts, plus, en se confiant à elle une fois encore, il tremble qu'elle ne
le trahisse ou qu'elle ne l'aveugle.

Qu'est-ce donc, Messieurs, quand à des considérations si graves, à ces
motifs généraux et habituels de malaise et d'inquiétude, viennent se joindre, comme c'est le cas aujourd'hui pour moi, des causes toutes spéciales
et plus vives encore d'émotion ? Pardonnez, Messieurs, pardonnez si j'ose
vous dire que ma pensée, en ce moment même, n'est pas tout entière parmi
vous; mais dépend-il de moi d'effacer et d'anéantir le passé ? Puis-je,
quand je le voudrais, me soustraire à l'irrésistible influence des plus
vifs, des plus doux et aussi, hélas ! des plus douloureux et des plus amers
souvenirs ? Puis-je, en entrant dans cette enceinte, empêcher mon regard
de chercher involontairement autour de moi ces regards connus qui,
l'an dernier, à pareille époque, venaient de tous côtés avec tant d'empressement à sa rencontre; et, quelque espoir que je nourrisse de mériter
bientôt votre affection à vous aussi, puis-je oublier que je n'y ai pas de
titres encore ? Mais puis-je oublier surtout que de ces mains amies, qui
naguère pressaient si cordialement la mienne, les meilleures, les plus
sûres, les plus dévouées comme les plus actives, — celles dont l'initiative avait si heureusement groupé autour de moi l'élite d'une grande cité,
et dont la persévérance devait continuer et développer dans ce milieu
fécond des résultats déjà considérables, — ces mains bienfaisantes et
pures sont aujourd'hui fermées à jamais, et ce n'est plus la distance
seulement, c'est la mort qui me sépare des plus chers et des
plus éprouvés de mes auxiliaires et de mes amis de Bordeaux (1).

---

(1) **M. E.** Gout-Desmartres, président, et **M.** Gaston Vigneaux, vice-
président de la *Société philomathique* de Bordeaux, sous les auspices de
laquelle j'ai fait pendant deux hivers ces *Conférences d'économie politique*,
auxquelles je ne puis songer sans attendrissement; l'un et l'autre enle-
vés subitement, dans la force de l'âge, à leur famille et à leurs amis.
Il m'est impossible de ne pas joindre à ces noms ceux de M. Ferrière,
qui, dans les fonctions modestes choisies par son zèle, rendait à la
*Société* et à toutes ses œuvres des services quotidiens si justement appré-
ciés, et de M. Castéja, maire de Bordeaux, dont la perte récente a été
un deuil public, et qui, de concert avec ses honorables collègues, avait
toujours honoré si hautement du patronage de la municipalité les
*classes d'adultes* de la Société philomathique et le *Cours d'économie politique*,
dont il comprenait toute l'importance.

Ah! je le sais, cette séparation n'est qu'apparente! Les corps disparaissent, mais les âmes subsistent. Elles subsistent, sinon avec tous leurs sentiments et toutes leurs pensées, du moins avec les plus élevés et les meilleurs, avec ceux qui d'ici-bas montaient plus haut. En ce moment même, en ce moment peut-être, affranchies des entraves de l'espace comme des liens du temps, mais fidèles encore à leurs convictions et à leurs affections, ces âmes généreuses sont ici avec nous, applaudissant à votre empressement et souriant à mes efforts. Je le crois, car j'ai besoin de le croire pour ne pas perdre tout à fait courage à l'entrée de cette nouvelle carrière. Mais cette consolante croyance suffit-elle à combler tous les vides laissés par la disparition de ces hommes de bien? Peut-elle m'empêcher de songer, avec une sollicitude anxieuse, que la cause qu'ils m'avaient appelé à servir avec eux au milieu de leurs concitoyens, la cause qu'ils avaient si noblement embrassée et qu'ils se proposaient de soutenir plus utilement encore, reste privée désormais de leur concours sur la terre? Je n'ai pas besoin d'en dire davantage; et vous ne comprendrez que trop, j'en suis sûr, vous qui avez su vous inspirer de leur exemple, qu'en payant à de nobles mémoires un juste tribut de regret et d'éloge, qu'en consacrant devant vous à ces amis invisibles les premiers efforts d'une voix qui leur fut si chère, je ne puisse contenir qu'imparfaitement dans mon cœur les sentiments qui rendent véritablement pour moi poignante l'inévitable émotion de ce moment.

Mais quelle est donc, allez-vous dire peut-être, cette cause qui a le privilége de susciter de si généreux dévouements et de former de si vifs et de si durables attachements? Quelle est cette cause qui vaut à ses serviteurs d'être loués et pleurés comme des bienfaiteurs publics? Messieurs, c'est la cause commune, la cause de tous les temps et de tous les lieux; c'est la cause, l'éternelle et l'universelle cause du *progrès*, du progrès en tout, du progrès partout, du progrès pour tous. C'est, — pour revenir parmi vous et ne plus parler que de la solennité qui nous rassemble, — la cause même à laquelle nous rendons en ce moment témoignage, la cause de la culture de l'intelligence et de la diffusion générale des lumières; permettez-moi d'ajouter spécialement (puisque je ne saurais oublier que ma part dans cette œuvre est spéciale et restreinte) la cause de la diffusion des connaissances économiques. Quelques mots sur cet objet général; quelques mots aussi sur cet objet spécial; et j'aurai, je l'espère, en indiquant la nature et le but de l'enseignement qui s'ouvre parmi vous, rempli à peu près ma tâche d'introducteur.

## I

Messieurs, deux choses me frappent tout d'abord dans l'institution nouvelle que nous inaugurons : la première, c'est qu'elle est un hommage à la science ; la seconde, c'est qu'elle est un hommage à l'initiative individuelle et locale. Si nous sommes ici, mes honorables collègues et moi, prêts à vous entretenir, selon nos forces, des objets divers de nos études, c'est que nous avons jugé bon d'y venir ; c'est aussi qu'on a jugé bon que nous y vinssions. Et pourquoi ? Apparemment parce que et ceux qui nous ont ouvert cette enceinte et nous-mêmes nous croyons à l'utilité de la science et nous croyons à l'efficacité du zèle personnel. Cette double remarque peut paraître, au premier aspect, d'une simplicité banale et presque puérile ; elle n'en contient pas moins, à mon avis, pour qui veut prendre la peine d'y réfléchir, la solution du plus considérable et du plus controversé peut-être des problèmes qui agitent les sociétés modernes, de ce grand et double problème que nous avons tous tant de fois rencontré sous nos pas : *L'instruction est-elle un bien ? Quels sont les meilleurs moyens de propager l'instruction ?*

L'instruction est-elle un bien ? Messsieurs, si je formulais sérieusement devant vous cette question comme une question réellement douteuse, vous vous récrieriez probablement, et vous me feriez observer que votre présence et la mienne témoignent surabondamment de notre conviction. Assurément. Et pourtant écoutez, ou pour mieux dire écoutons ce qui se dit tous les jours autour de nous ; je vais plus loin, écoutons-nous nous-mêmes, descendons au fond de nos consciences, et recueillons-y les hésitations, les impatiences et parfois les murmures qui s'y élèvent sourdement ; et nous serons bien forcés de reconnaître que cette foi-là, comme d'autres fois, hélas ! a ses défaillances et parfois ses révoltes. N'est-il pas vrai que s'il est, au temps où nous vivons, un besoin plus universel, plus accusé, plus ardent et je dois dire plus irrésistible que tous les autres, c'est ce besoin de *s'élever*, — de s'élever par la richesse, de s'élever par l'intelligence aussi, par le dehors et par le dedans, — qui travaille indistinctement toutes les conditions et tous les rangs. Jadis (et il n'y a pas bien longtemps encore), un petit nombre d'hommes, désignés par leur naissance ou appelés par un bonheur exceptionnel ou des facultés plus exceptionnelles encore, avaient à peu près exclusivement, avec la charge de diriger les sociétés (de penser et d'agir pour elles), le privilége de recueillir le fruit matériel de leurs travaux, de goûter les arts, de comprendre les sciences, et aussi, — ne l'oublions pas, — de connaître pour leurs personnes, pour leurs efforts et pour leurs biens, la sécurité et la stabilité du droit. Les nations étaient une élite, élite brillante parfois, mais élite restreinte toujours, et dont ce qu'on appelait *le peuple* semblait irrévocablement exclu. Aujourd'hui, et bien que ce mot de *peuple*, dans son vieux sens étroit et séparatif, n'ait pas perdu toute application encore, qui pourrait dire où en commence, où en finit l'application? Quelle est la classe d'hommes, la profession, la famille qui, par une barrière ou par une autre, soit fatalement tenue en dehors du régime commun, séparée à jamais du reste de la société, privée de toute participation à l'un quelconque des biens accessibles à d'autres mains? Tout n'est pas *à tout le monde*, Dieu merci ! mais tout est sur le chemin comme sous les yeux de tout le monde ; et tous les efforts peuvent se proposer tous les buts. Ce n'est plus seulement la richesse, c'est l'art, c'est la science, c'est le talent, c'est l'influence sous toutes ses formes, qui sont devenus le patrimoine universel : et si la société n'est pas, comme le rêvent quelques-uns, cette plaine uniforme que rabat sans cesse un aveugle et impitoyable rouleau ; si elle a encore (elle les aura toujours) ses couches inférieures et ses couches supérieures, parfois même bien distantes les unes des autres ; ces couches, du moins, on ne saurait le nier, ont cessé d'être immuables et fixement assises ; elles sont, comme les flots de cette mer dont le murmure se mêle en ce moment à ma voix, instables et incessamment agitées, cherchant à toute heure leur équilibre et ne le trouvant jamais :

*Et stabile in solá mobilitate mare est.*

## II

De là, Messieurs, deux sentiments très-différents, opposés pour mieux dire, chez la plupart des hommes : un sentiment de satisfaction et d'orgueil, un sentiment de crainte et de malaise ; un attachement très-réel au présent, et cependant des retours incontestablement inquiets vers le passé. On applaudit franchement à l'égalité civile ; on accepte, on admire, on célèbre ces grandes et décisives conquêtes de l'humanité, de la justice, de la dignité personnelle, qui ont commencé à fonder enfin parmi nous ce *règne nouveau* que je nommais tout à l'heure : le règne du droit, du *droit commun*, sans lequel nous ne serions, pour la plupart, que ce qu'étaient nos pères, les parias du privilége. Mais on s'alarme de cette agitation, de cette lutte, de cette compétition universelle et ardente, au milieu de laquelle il faut vivre toujours comme sur la brèche, défendant pied à pied et reconquérant pour ainsi dire à toute heure sa place et son rang. On s'irrite de cette fièvre d'avancer qui semble ne plus connaître ni supériorités constatées ni droits acquis ; on est choqué de ce désordre et de cette cohue, de cet envahissement tumultueux et brutal, de ces exigences irréfléchies et grossières de la multitude ignorante et avide ; et l'on se plaint de voir se perdre chaque jour, au milieu du vaste océan des flots populaires, jusqu'aux plus anciennes et aux plus légitimes influences. « Le respect s'en va, » répète-t-on avec l'un des hommes les plus considérables et les plus *respectables* de notre siècle, — avec l'un de

ceux qui représentaient le mieux à tous les regards l'union si désirable
et si rare du passé et du présent, l'illustre Royer-Collard ; — « le respect
s'en va, » et avec lui tout ce qui soutient et élève les hommes et les peuples. En un mot, Messieurs, on salue, on acclame, on bénit l'avènement
de l'*égalité* ; mais on repousse, on maudit, on redoute tout au moins
l'avènement de la *démocratie*.

De là à repousser, à redouter au moins l'instruction, il n'y a qu'un
pas, et ce pas est souvent franchi, sciemment ou non, par les plus instruits et par les plus avides d'instruction pour eux-mêmes, par ceux qui,
sans la diffusion plus complète des lumières et la mobilité plus grande
des conditions sociales, seraient restés le plus loin de ces rangs mêmes
où ils trouvent dur, maintenant qu'ils y sont parvenus, d'être obligés de
se maintenir par le travail et par l'effort.

Combien de fois, je vous le demande, à la vue de quelque prétention
insensée de la foule, de quelque illusion fatale ou de quelque erreur
énorme qui venait tout à coup mettre en question nos intérêts ou nos
droits ; sous la pression d'un de ces emportements déplorables, d'une de
ces exigences furieuses qui, à certains jours, ont pesé violemment dans
la balance des lois ; combien de fois, dis-je, ne nous est-il pas arrivé à
nous tous, à vous qui m'écoutez et à moi qui vous parle, de nous regim-
ber avec humeur contre cette immixtion qui nous froissait ? Combien de
fois, jetant dédaigneusement les regards sur nos concitoyens égarés et
rougissant d'eux peut-être, ne nous sommes-nous pas demandé avec
pitié de quel droit de pareilles voix prétendaient se faire compter, et s'il
ne vaudrait pas mieux pour tout le monde que ces *bras* restassent à l'ate-
lier ou aux champs, laissant aux *têtes* qui pensent le souci et le soin de
décider de ce qu'elles peuvent seules entendre ? Combien de fois encore,
voyant quel mauvais et détestable usage peut être fait de la science et
du talent lui-même, à quels abus, à quels desseins, à quelles excitations
criminelles et perverses peuvent servir trop efficacement la parole et la
presse, — combien de fois, encore, Messieurs, ne nous sommes-nous pas
surpris à nous demander s'il était bien désirable que la parole et la presse
devinssent accessibles à tous, que la science se répandît, que le talent se
vulgarisât ;... et n'avons-nous pas été tentés de regretter, avec les apolo-
gistes d'un autre âge, ces temps moins agités où, à les en croire, la tradi-
tion et la règle suffisaient à tout, et où une docilité inaltérable mainte-
nait la masse humaine, comme un troupeau paisible, sous la main de
bergers dévoués et attentifs à ses besoins ?

Eh bien ! il faut le dire, il faut nous le dire, Messieurs (car il ne sert
de rien de se faire illusion à soi-même, et « je ne vois pas ce qu'on
gagne, disait le sage R. Peel, à mettre ses deux mains sur ses yeux pour
ne pas voir ») ; — dans ces moments ce n'était pas, comme nous le
croyions, la *démocratie* seulement, c'était l'*instruction*, c'était la science,
c'était le progrès, c'était l'égalité civile, c'était le droit et la dignité hu-

maine elle-même que nous nous laissions entraîner à renoncer; car tout cela se tient, et au fond tout cela n'est qu'un. C'étaient nos intérêts les plus vrais, c'étaient nos droits les plus précieux, c'étaient nos devoirs les plus sacrés que nous méconnaissions; c'était, je le répète, notre dignité propre que nous abdiquions dans celle de nos semblables : et, s'il est vrai que nous eussions à rougir peut-être, c'était de nous autant que d'autrui; si les emportements de la foule étaient un danger et une honte, c'était pour nous, aussi bien que pour elle; et s'il y avait, de ces emportements et de ces excès, une conséquence importante à tirer, ce n'était pas la condamnation de l'instruction, c'était celle de l'ignorance. Ce n'est pas la trop grande abondance des lumières, c'est leur insuffisance qui a mis, qui pourrait mettre encore les sociétés en péril. Et quand les peuples, pareils au possédé de l'Évangile, « se jettent tantôt dans l'eau et tantôt dans le feu, » brisant avec violence tous les liens dont on les enchaîne, et meurtrissant sans pitié ceux même qui ne songent qu'à couvrir leur nudité et à apaiser leur faim, c'est que l'esprit *de ténèbres* les obsède et les agite. C'est là cet esprit qui s'appelle Légion, et c'est de lui, si nous voulons qu'ils aient enfin la paix et qu'ils nous la laissent, qu'il faut les délivrer au plus tôt. « Tout est perdu, » écrivait à Voltaire je ne sais plus lequel de ses innombrables correspondants, « tout est perdu, le peuple apprend à lire. »—« Non, Monsieur, riposta le vieillard avec cette vivacité que l'âge ne faisait qu'accroître, tout n'est pas perdu, quand on met le peuple en état de s'apercevoir qu'il a un esprit. Tout est perdu, au contraire, quand on le traite comme une troupe de taureaux, car tôt ou tard ils vous frappent de leurs cornes. » Messieurs, je ne m'engage pas, bien s'en faut, à soutenir devant vous toutes les opinions et toutes les assertions de Voltaire; mais pour celle-là, j'y souscris des deux mains, et, si je pouvais, sans excéder trop sensiblement les bornes qui me sont prescrites, examiner même bien rapidement avec vous l'histoire des cent dernières années, il ne me serait pas malaisé, croyez-le bien, de vous démontrer que cette assertion n'a que trop été justifiée par les faits; que la sécurité sociale (j'entends la sécurité véritable et complète, la sécurité commune de tous les jours, de tous les droits et de tous les actes de la vie), malgré ses lacunes trop réelles encore et ses exceptions trop éclatantes, est loin d'avoir diminué depuis le temps de la *guerre des farines*, de la bulle *Unigenitus* et des *lettres de cachet;* et que sous ce rapport, comme sous bien d'autres, on peut répéter sans crainte ces paroles décisives du célèbre historien anglais, lord Macaulay : « *Plus on examine avec attention l'histoire du passé, plus on voit combien se trompent ceux qui s'imaginent que notre époque a enfanté de nouvelles misères sociales. La vérité est que ces misères sont anciennes; ce qui est nouveau, c'est l'intelligence qui les découvre et l'humanité qui les soulage.* » Mais le temps nous presse, et quelque importante que soit cette réflexion, je poursuis sans m'y arrêter.

### III

Messieurs, une pensée se présente à mon esprit tout d'abord; et il me semble que c'est une de ces remarques décisives qui à elles seules suffisent. Ce mouvement, qu'on appelle « *le mouvement démocratique* », et dont le nom seul est pour beaucoup un épouvantail, ce mouvement, de l'aveu de tous, est désormais de ceux contre lesquels il n'y a pas de puissance qui puisse prévaloir. Bien des esprits, de nature bien diverse, et placés à des points de vue dissemblables, l'ont étudié tour à tour; beaucoup, — avec grande raison, je le crois, — ont signalé en lui des inconvénients et des dangers de plus d'une sorte; nul, que je sache, nul, parmi les esprits qui comptent, n'a imaginé un instant qu'il fût possible de le refouler ou de l'arrêter dans sa marche. S'il est, parmi les penseurs marquants de notre âge, un homme qui ait plus que tous les autres appliqué son attention à ce grand mouvement, qui ait fixé sur lui un œil soucieux et inquiet jusqu'à la fascination, qui ait, on l'a dit avec raison, « étudié loyalement, chrétiennement, et *avec une sorte de terreur religieuse*, cette révolution formidable, demandant à la démocratie de l'avenir de respecter la liberté individuelle et de ne pas étouffer le roseau pensant » (1); cet homme, vous l'avez tous nommé, n'est-ce pas le sincère et regrettable M. de Tocqueville ? Qui, plus et mieux que lui, a signalé les écarts et les tendances de la démocratie contemporaine; qui, dans son intelligence à la fois ardente et contenue, comme dans ses manières à la fois libérales et nobles, a su mieux allier les aspirations les plus hautes de la société moderne avec la distinction la plus vraie de la société ancienne; et qui, tout en regardant sans cesse vers l'avenir, a su comme lui rester à ce point équitable pour le passé qu'on a pu s'étonner parfois (je l'ai fait pour ma part) (2) de cette impartialité qui semblait toucher à l'indécision ? Eh bien ! Messieurs, cet homme à la fois si pénétrant et si impartial, ce digne et fidèle descendant d'une race antique qui ne songeait pas, à coup sûr, à capter la faveur populaire en reniant ses aïeux, que disait-il ? Écoutez : ce sont des paroles que tout le monde connaît, mais ce sont des paroles qu'il est bon pour tout le monde de lire et d'entendre de nouveau :

Le développement graduel de l'égalité des conditions est un fait providentiel. Il en a les principaux caractères. Il est universel; il est durable; il échappe chaque jour à la puissance humaine ; tous les événements comme tous les hommes ont servi à son développement. Serait-il sage de croire qu'un mouvement qui vient de si loin puisse être suspendu par une génération ? Pense-t-on qu'après avoir détruit la féoda-

---

(1) M. Saint-René Taillandier, *Sismondi et sa correspondance*, p. 20 ; introduction aux *Lettres inédites de Sismondi à M*<sup>me</sup> *d'Albany*, etc.

(2) Voy. *Mélanges économiques*, par M. Frédéric Passy, p. 298.

lité et vaincu les rois, la démocratie reculera devant les bourgeois et les riches ? S'arrêtera-t-elle maintenant qu'elle est devenue si forte et ses adversaires si faibles (1) ?

Ainsi parlait en 1835 le publiciste inconnu. Et quinze ans plus tard, en 1848 et 1850, instruit par les événements et mûri par l'âge, bien loin de rétracter ou de modifier en rien ces fortes paroles de sa précoce jeunesse, l'homme politique les confirmait et les fortifiait encore en les reproduisant en tête de la *douzième* et de la *treizième* édition de son livre; et il y ajoutait, non pour s'en défendre, mais pour s'en faire honneur, cette déclaration nouvelle et plus vive peut-être :

CE LIVRE A ÉTÉ ÉCRIT SOUS LA PRÉOCCUPATION CONSTANTE D'UNE SEULE PENSÉE : L'AVÉNEMENT PROCHAIN, IRRÉSISTIBLE, UNIVERSEL, DE LA DÉMO-CRATIE DANS LE MONDE.

## IV

L'avenir est à la démocratie, à l'égalité, à l'égalité chaque jour plus réelle et plus générale. Sur ce point, pas de contestation possible, pas d'hésitation, pas de doute. Mais alors, sur quoi donc peut porter le doute, et quelle est pour nous la question ? La question, Messieurs, le même écrivain nous l'indique aussitôt avec la même netteté et la même force : la question, c'est de savoir ce que seront cette égalité et cette démocratie dont le progrès nous enveloppe et nous déborde. C'est de savoir si nous marcherons vers l'égalité qui abaisse ou vers l'égalité qui élève; vers la démocratie qui foule aux pieds la liberté individuelle ou vers la démocratie qui l'affranchit et la dégage; si nous aurons, en un mot (ce sont les propres expressions de M. de Tocqueville), LA LIBERTÉ DÉMOCRATIQUE OU LA TYRANNIE DÉMOCRATIQUE. » La question, un de mes plus savants collègues, M. Baudrillart, la posait naguère encore dans toute sa netteté dans de remarquables articles sur l'*Exposition de 1862 et les rapports des jurys français* (2); la question, c'est de savoir si « la démocratie sera une démocratie libérale, éclairée, riche, répandant l'aisance dans les couches inférieures de la société, ou au contraire une démocratie comme il y en a eu plus d'une en ce monde, oppressive, ignorante et nécessiteuse. » Telle est, Messieurs, l'alternative. Elle vaut bien, ce me semble, la peine qu'on s'en préoccupe; car ce n'est rien moins que l'alternative de la maladie ou de la santé, de la décadence ou du progrès, la question d'Hamlet de notre siècle, le *To be or not to be* de la civilisation moderne.

Mais qui fait la société sinon les hommes ? Comment obtenir une dé-

---

(1) *De la Démocratie en Amérique*, Introduction.
(2) Dans le *Journal des Débats*.

mocratie laborieuse, paisible, éclairée, libérale, respectueuse de la justice et de l'honneur, sinon en formant des hommes industrieux, intelli-
gents, équitables et sages? Et comment au contraire, avec des hommes
livrés aveuglément à toutes les passions et à tous les instincts de l'ani-
malité la plus basse, dupes de tous les mensonges des premières appa-
rences et accessibles à toutes les suggestions de l'erreur et de l'utopie;
comment, avec de tels hommes, espérer de connaître jamais la paix, la
sécurité, la richesse, la liberté, l'ordre et la justice? J'ai tort peut-être
de me laisser entraîner à empiéter ici sur ce qui eût dû faire une autre partie de ce discours, sur ce qui, d'ailleurs, fera le fond même de
l'ensemble de mes leçons; mais comment échapper à des rapproche-
ments qui se présentent d'eux-mêmes à toutes les pensées?

Je vous le demande donc, et je vous le demande sans aucune incertitude sur votre réponse, si, il y a quelques années encore, nous avons
pu voir, pendant de longues semaines et de longs mois, l'agitation et le
désordre partout triomphants; si, à la moindre perturbation dans le travail, à la moindre oscillation dans le salaire, à la moindre hausse dans
le prix des denrées; — que dis-je? à la moindre incertitude et au moindre faux bruit, — les ateliers naguère les plus paisibles étaient tout à
coup en feu, la place publique tumultueusement envahie, les approvi-
sionnements dissipés et les machines brisées, les usines, les fermes, les
moulins saccagés et brûlés, les industriels, les marchands de grains et
les boulangers traqués comme des bêtes fauves, et parfois massacrés ou
jetés à l'eau;..... pourquoi tout ce trouble et toutes ces violences, sinon
parce que le préjugé et l'erreur régnaient pour ainsi dire sans partage?
Pourquoi ailleurs, dans le même moment, des crises analogues pas-
saient-elles, je ne dirai pas sans souffrances et sans plaintes, mais au
moins sans bouleversements et sans fureurs? Pourquoi parmi nous-
mêmes, depuis, des crises bien autrement sérieuses et redoutables, —
un déficit de récolte énorme et presque sans précédent, la fermeture
subite d'un de nos plus grands marchés commerciaux, la suppression
presque totale d'un des principaux aliments de nos manufactures, —
ont-elles été supportées sans un acte de violence de quelque gravité,
sans un attentat contre les personnes, sans un appel exceptionnel à la
loi pénale et à ses rigueurs? Certaines personnes ne manqueront pas
d'en faire honneur au respect plus profond, à la plus vive et salutaire
terreur qu'inspire une force publique plus énergique et plus prompte à
agir. Messieurs, je ne nie pas l'influence d'une bonne police, et je respecte la force publique; mais ce n'est là, croyez-le bien, que le petit et très-petit côté des choses. « *La hallebarde mène le monde*, c'est possible, » disait le fondateur en France de l'École économique, le doux et
spirituel docteur Quesnay; « MAIS IL Y A QUELQUE CHOSE QUI MÈNE LA HALLE-
BARDE, C'EST L'OPINION. » —« *Ce qui me frappe le plus en ce monde*, » disait à
son tour la plus puissante et la plus populaire personnification de la
force dans les âges modernes, Napoléon 1er, « C'EST L'IMPUISSANCE DE LA

force » (1). Soyez-en bien convaincus, Messieurs, il n'y a pas de polic
qui triomphe d'un égarement général; il n'y a pas de bâtons ni de chiens
qui arrêtent la course furibonde d'une troupe de taureaux emportés par
une terreur panique; et quand un peuple, séduit par l'ignorance en même
temps qu'aigri par la douleur, en est malheureusement à croire que sa
souffrance est artificielle et voulue; quand, manquant de travail ou
de pain, il s'imagine que c'est par les décrets et selon le bon plaisir des
puissants ou des riches que le travail et le pain sont distribués ou rete-
nus, il est inévitable que ce peuple, comme une bête acharnée à sa
proie, se rue sur les puissants et sur les riches, sauf à apprendre bientôt
à ses dépens, pour l'oublier le lendemain, que le ravage et le meurtre re-
tombent fatalement sur ceux qui les emploient. N'en avons-nous pas
eu, cette année même, au milieu du calme partout si heureusement
maintenu, et là précisément où l'on pouvait le moins l'attendre, un douloureux et instructif exexemple ? N'avons-nous pas vu, parmi la population la plus douce et la plus inoffensive de la France peut-être, à Bordeaux, — en présence d'un chef militaire d'une remarquable vigueur (2)
et d'un administrateur civil (3), dont l'activité et l'énergie ont suffi
longtemps à la préfecture de police de Paris, — la simple pose de quelques bandes de fer entre le quai et la gare susciter parmi les ouvriers
du port une émotion assez soudaine pour déjouer toutes les précautions,
assez violente pour surmonter les premières résistances de la force ar-
mée, et assez acharnée pour laisser après elle, de part et d'autre, avec
bien des ressentiments amers, des larmes et du sang ? De quoi s'agis-
sait-il ? D'un fait de bien peu d'importance en lui-même assurément.
Mais sous ce fait était engagée une question économique de premier
ordre, la question des machines, avec son redoutable cortége d'erreurs
et d'illusions. C'était l'*ignorance* qui, une fois de plus, soulevait les
hommes contre le *progrès* : et tel était encore, il faut bien le croire, dans
une ville où tant de lumières abondent, ce déplorable et irrésistible empire de l'ignorance, que, — l'émeute apaisée et le sang essuyé, — on
n'osait essayer de lui faire entendre complétement raison; et que le véritable grief, le véritable péril (les hommes les plus compétents, dans les
journaux les plus sérieux, l'ont aussitôt remarqué comme une preuve de
la nécessité urgente d'instruire) (4), le véritable grief et le véritable pé-

---

(1) Est-il besoin de rappeler aussi ces paroles du discours de clôture
de l'Exposition universelle de 1855 ? « A l'époque de civilisation où
nous sommes, les succès des armées, quelque brillants qu'ils soient, ne
sont que passagers ; c'est, en définitive, l'opinion publique qui rem-
porte toujours la dernière victoire. »
(2) M. le général Daumas.
(3) M. le sénateur Piétri.
(4) Voy. dans le *Journal des Débats* l'article de M. Baudrillart. « C'est
peut-être, y est-il dit, le lieu de faire remarquer que, *si en France*, comme

ril, Messieurs, étaient, dans la proclamation officielle partout repro-duite, plutôt esquivés qu'abordés (1).

N'en doutons donc pas, Messieurs, et ne craignons pas de nous en ré-jouir hautement : si naguère, dans des pays voisins, les malheurs qui ont si douloureusement troublé le nôtre ont pu être évités; si dans le nôtre, depuis, la paix publique a été plus aisément et plus heureusement con-servée, c'est que l'ignorance était amoindrie ; c'est que les préjugés les plus funestes au moins avaient perdu de leur empire; c'est que le sen-timent du droit et le sentiment de la réalité en même temps avaient ga-gné du terrain ; c'est que les moins éclairés commençaient à entrevoir moins confusément le nécessaire rapport des effets aux causes, et à ne plus croire, par exemple, en présence d'un déficit patent d'une ving-taine de millions d'hectolitres de grains (2), à une disette artificielle pro-

---

en Angleterre, *l'enseignement populaire comprenait quelques notions d'éco-nomie politique*, DE PAREILLES SCÈNES DE DÉSORDRE N'ÉCLATERAIENT PAS. » Le *Courrier du Dimanche* s'associait pleinement à ces réflexions. En m'y associant à mon tour de toutes mes forces, je ne puis m'empêcher de signaler hautement à tous, et spécialement à mes amis et auditeurs de Bordeaux, comme un appel formel et direct à leur zèle, l'excellent exemple donné tout récemment par la ville de Montpellier, et que je regarde comme le meilleur fruit de mon enseignement dans cette ville. Je veux parler du COURS ÉLÉMENTAIRE D'ÉCONOMIE POLITIQUE professé en 1863, *à la classe supérieure des écoles municipales de Montpellier*, avec les résultats les plus satisfaisants, par mon ami M. Paul Glaize. La *Leçon d'ouverture* et le *programme* de ce cours (16 pages , chez Guillaumin et Cᵉ, à Paris, et chez Gras, à Montpellier) sont des modèles excellents et qu'il n'y aurait qu'à suivre. Peut-être paraîtrait-il prématuré de les signaler dès maintenant à *toutes* les villes chefs-lieux de départe-ment, bien que les obstacles soient fort loin d'être ce qu'on suppose, et qu'en cette question comme en bien d'autres la principale con-dition du succès soit de *le vouloir :* mais à Bordeaux au moins on serait mal venu à arguer de difficultés d'aucun genre ; et c'est pour la Société philomathique, je n'hésite pas à le lui redire au nom de mon dévouement même, un véritable DEVOIR de joindre à ses nombreuses et excellentes *classes d'adultes*, qui font déjà tant de bien, un cours de *législation usuelle* et *d'économie politique élémentaire*. Elle ne sera pas embarrassée, quand elle le voudra, et sans chercher loin, pour trouver à qui confier la tâche de le faire.

(1) C'est le sens bien clair d'une partie des réflexions contenues dans l'article précité du *Journal des Débats.* Le regret que la proclamation ait plutôt été de nature à fortifier qu'à diminuer les préjugés les plus habi-tuels et les plus dangereux au sujet des machines et de la concurrence, s'y trouve formellement exprimé, et non sans motifs.

(2) *Un déficit d'une vingtaine de millions d'hectolitres.* Les estimations les plus compétentes, celles de M. Barral entre autres, avaient, *dès le début*, accusé un déficit de 20 millions ; mais avec cette observation que

voquée à plaisir par une vaste association de vampires occupés, d'un
bout à l'autre du pays, en vertu de quelque odieux *pacte de famine*, à dé-
vorer en secret la substance du peuple. Franchement, tout cela est si clair,
ces vérités portent si manifestement leurs preuves avec elles, qu'il y aurait de l'affectation à multiplier à leur appui les autorités et les témoi-
gnages. Je laisse donc de côté la plupart des justifications nombreuses
que j'ai là sous la main ; et, si je rappelle rapidement quelques déclara-
tions particulièrement significatives et éclatantes, c'est que par la vivacité
de leur tour, par l'importance des circonstances dans lesquelles elles
ont été prononcées, ou par celle des personnages dont elles émanent,
elles ont acquis pour ainsi dire une notoriété historique qui les impose
véritablement à nos souvenirs.

Il y a eu, Messieurs, voici quinze ans, un moment où l'Europe entière,
ébranlée par le contre-coup de l'explosion de la France, semblait près
de s'abîmer partout sur elle-même. Quelqu'un alors, dit-on, parlant au
grand homme d'État que je nommais tout à l'heure, à celui-là même qui
en ramenant sa patrie des voies funestes et coupables de l'erreur dans
les voies plus pures indiquées par la science, l'avait comme miraculeu-
sement rappelée des bords mêmes de l'abîme, à l'illustre et sage R. Peel,
lui demandait si l'Angleterre ne payerait pas bientôt, elle aussi, par
quelque éclatante catastrophe, son tribut à la misère et à la folie humaine : «*Il n'y a pas de danger*», répondit l'habile et glorieux chef de
l'aristocratie anglaise, «ELLE SAIT TROP BIEN L'ÉCONOMIE POLITIQUE.» On attribue le même mot, — avec non moins de raison, je le crois, — au dernier et regrettable archevêque de Dublin, au célèbre Whateley (1), à cet
infatigable promoteur de la science, qui, joignant si persévéramment
l'exemple au précepte, s'honorait d'avoir introduit l'enseignement de
l'économie politique *dans plus de* QUATRE MILLE *écoles*. Un homme, que je
suis loin, pour ma part, — bien loin, je dois le dire, — de comparer
aux précédents, mais à qui l'on ne saurait refuser cependant de bril-
lantes et même de surprenantes facultés, le chef du cabinet anglais en ce
moment même, lord Palmerston, disait pareillement un jour, avec cette
ironie souvent hautaine qui lui est familière : «N'ayez pas de dépôts de
matières inflammables sur les chemins, et vous ne craindrez pas d'y
voir jeter des allumettes.» N'est-ce pas précisément ce que disait plus
sérieusement à son tour à la France, il n'y a que peu de semaines, en an-
nonçant la mesure nouvelle (et à mon avis excellente), qui entr'ouvre
enfin à l'économie politique la porte de l'éducation, le ministre actuel
de l'instruction publique : «*L'Angleterre a pu traverser paisiblement*

---

l'épargne provoquée sur la consommation par les hauts prix pourrait
réduire d'*un quart environ* la quantité à demander aux marchés étrangers. Les faits ont pleinement justifié ces prévisions.

(1) Mort en 1863.

— 15 —

*une crise épouvantable,* PARCE QUE SES OUVRIERS CONNAISSAIENT TOUT CE QUE NOS JEUNES GENS IGNORENT ENCORE, *les ressorts délicats de la production et de la vie économique.* NOS MISÈRES DE 1848 SONT VENUES DE CETTE IGNORANCE » (1). Et n'est-ce pas, pour en finir, ce qu'avait dit et répété, voici des années déjà, avec une énergie qui avait quelque peu surpris alors, une bouche plus puissante que les bouches ministérielles, lorsque après avoir parlé des catastrophes et des fléaux matériels qui portent trop souvent atteinte à la prospérité des sociétés, elle ajoutait ces paroles longtemps trop peu comprises : « *Une autre cause de malaise non moins grave réside dans les esprits. Lorsqu'une crise survient, il n'est sorte de faux bruits ou de fausses doctrines que l'ignorance et la malveillance ne propagent.....* LE DEVOIR DES BONS CITOYENS EST DE RÉPANDRE PARTOUT LES SAGES DOCTRINES DE L'ÉCONOMIE POLITIQUE » (2).

Propageons-les, Messieurs, ces sages doctrines ; ou plutôt propageons toutes les connaissances, toutes les idées, toutes les habitudes, tous les goûts, propres à éclairer, à fortifier, à pacifier ou à charmer les hommes. Encourageons, sans exclusion jalouse, toutes les branches de la culture humaine (scientifique, artistique ou littéraire), afin que le niveau général s'élève par tous les côtés autour de nous ; afin que la civilisation ne reste pas un vain mot pour la plupart : et n'épargnons rien pour que l'humanité cesse enfin, pour qu'elle cesse sans retour, d'être cette « *troupe de taureaux* » dont parle Voltaire. Faisons cela, Messieurs, par intérêt d'abord, par le plus immédiat et le plus pressant de tous les intérêts, afin de n'être plus exposés aux coups de corne ; faisons-le parce que l'ombre est une menace et la lumière une sécurité. Mais faisons-le aussi, faisons-le surtout par devoir, par respect pour nous-mêmes et par pitié pour nos semblables ; faisons-le parce que l'ombre est une honte et la lumière une splendeur (3) ; faisons-le parce que c'est là véritablement la

---

(1) Circulaire du 24 septembre 1863.

(2) *Discours d'ouverture de la session législative de 1857.* — Voy. aussi les articles du *Moniteur* des 6 et 12 septembre et du 17 novembre 1853, dans lesquels les principes et les paroles de Turgot sur *la liberté du commerce des grains* sont formellement revendiqués comme la seule ligne de conduite avouée par la science, et *l'ignorance de l'économie politique* déplorée comme le principal danger.

(3) Ces paroles appellent comme forcément la citation d'un passage du discours de M. Rouher à la dernière ouverture du conseil général du Puy-de-Dôme : « ..... J'ai entendu quelquefois de bons esprits s'inquiéter du développement de l'instruction primaire..... Je ne nie pas que l'instruction n'éveille chez le peuple des sentiments impétueux et des élans irréfléchis, qui amènent des transitions difficiles et des secousses momentanées : mais les intérêts et les droits se contiennent bientôt mutuellement, les règles du devoir ne tardent pas à se dégager et à devenir lumineuses pour chacun, surtout si l'instruction primaire

principale et la plus grande des œuvres qu'il nous soit donné d'accomplir ici-bas, et que s'il est pour l'humanité un but qui prime, et de bien loin, tous les autres (1), c'est à coup sûr le développement dans les esprits et dans les cœurs de ces sentiments de justice et d'amour qui, en rapprochant les hommes les uns des autres, les rapprochent véritablement de leur divin Modèle, et peuvent ainsi réaliser graduellement cette conquête suprême et cette fin dernière de la liberté humaine ici-bas, l'établissement du *règne de Dieu* sur la terre par la paix entre les hommes de bonne volonté.

V

Règne de Dieu! grandeur de l'humanité! fraternité universelle! Paroles étranges, je le sais, et qui ne sonnent pas bien à toutes les oreilles. Il y a des hommes, des sages et des habiles, assure-t-on, qui traitent de déclamations et de chimères tous ces beaux rêves contés en l'honneur du progrès et de l'amélioration commune. Il y en a qui tournent, par système et par calcul, le dos à l'égalité et à la justice, et qui, en présence de leurs semblables abrutis par l'ignorance et dégradés par la misère, éprouvent je ne sais quel sentiment de honteuse satisfaction et d'ignoble orgueil. Ils se plaisent à mesurer la distance qui les sépare de ce qui les entoure, et ils se croient grands en voyant que d'autres sont petits. Ce n'est pas de cet œil, heureusement, que ni vous ni moi nous regardons ces choses, et nous savons qu'on ne gagne rien à asseoir dans un sol mouvant et bas l'édifice dont on veut élever le faîte. L'abaissement de mes semblables! Mais c'est pour moi-même un inévitable abaissement, car il m'enveloppe et me pénètre de toutes parts sans que je puisse m'en défendre. En vain je me réfugie dans ma vanité superbe, la misère qui m'entoure m'appauvrit, l'ignorance qui me touche me rappetisse, la grossièreté qui me coudoie me souille ; je ne sais quelle infection morale, du fond de cette fange de l'intelligence et du cœur, monte vers moi comme la contagion matérielle de la fièvre et de la peste; dans cet obscurcissement en autrui de la lumière intérieure qui fait l'homme, je sens comme un obscurcissement irrésistible et légitime de la lumière qui brille trop faiblement en moi-même; et je comprends alors, je comprends jusqu'à la terreur et à l'angoisse, ce cri trop peu connu, ce cri magnifique de l'un des plus grands docteurs de l'Église

---

vient se maintenir dans l'atmosphère d'une éducation religieuse simple et vraie. *Les ombres de l'intelligence sont au contraire un* REPROCHE LÉGITIME *et un* PÉRIL PERMANENT *pour une société civilisée.* »

(1) On se souvient de cette déclaration brève et expressive : « La véritable civilisation est de compter le bien-être pour quelque chose ; la vie de l'homme pour beaucoup ; et le progrès moral pour le plus grand bien. » (*Discours de l'Empereur*, à Alger.)

d'Orient, de cet évêque qu'on avait à bon droit surnommé *bouche d'or*, et qu'on eût mieux fait encore peut-être de surnommer *cœur d'or* (car c'était de l'abondance du cœur que coulait chez lui la source puissante des lèvres), de saint Jean-Chrysostôme : « *Ce n'est pas de nous seulement et de notre salut personnel, c'est du monde entier qu'il nous sera demandé compte un jour.* Non de vestra salute tantum, sed de universo orbe vobis ratio reddenda est. »

Je comprends la solidarité profonde du genre humain, si bien exprimée par ces célèbres et admirables paroles du grand Channing : « La science la plus élevée est encore dans l'enfance. Nulle part les grands esprits n'ont encore entrepris sérieusement et solennellement de résoudre ce problème : « *Comment peut-on relever la majorité des hommes?* » Mais il est temps qu'ils s'en occupent enfin. « Il est temps qu'un nouveau sentiment de responsabilité anime les hommes éclairés, les hommes vertueux, les hommes heureux. Le progrès du christianisme l'exige, et la marche nécessaire des sociétés le rend indispensable. » Oui, je comprends ces paroles, et volontiers j'y joindrais ces autres paroles qui, pour émaner d'une école qui n'est pas la mienne, n'en ont peut-être à mes yeux que plus d'autorité et de valeur.

*Le mépris de la démocratie, c'est au fond le mépris de l'humanité.* C'est un juste dédain, je l'avoue, que celui qu'inspirent à une raison droite et à une âme élevée les excès de sottise ou de bassesse dont les hommes peuvent se montrer capables : déplorable suite des misères trop souvent attachées à la condition humaine, et la pire sans doute de ces misères ; mais ce sentiment n'est pur qu'autant qu'il demeure exempt de deux vices, le désespoir et l'orgueil. Il faut conserver le respect des bons instincts de la nature humaine avec le dégoût des mauvais, et ne pas oublier que ce qui s'est fait, après tout, de bon ou de beau dans le monde s'est fait par les hommes, ainsi que le mal ; que le bien même est, plus que le mal, leur ouvrage, puisqu'ils n'ont pu le faire qu'en s'efforçant et en luttant ; tandis que, pour le mal, ils n'ont eu qu'à se laisser aller aux forces de toute espèce qui les entraînent ; qu'enfin cette somme de bien, si pitoyablement petite qu'elle soit, s'augmente pourtant avec les siècles, pendant que celle du mal diminue. Mais surtout que le philosophe se garde de prétendre assigner la sagesse aux uns et la déraison aux autres, imputer le mal au grand nombre, dont il se sépare, et faire honneur du bien à une élite où il se marque sa place. Qu'il ne dise pas comme les stoïciens : « Voilà les fous, et je suis le sage. » Qu'il ne compare pas, comme Platon, la multitude qui l'entoure à une troupe de bêtes féroces au milieu de laquelle un homme est tombé ; comparaison aveugle autant que superbe, puisqu'elle méconnaît tout ensemble et la bête que le plus sage entend gronder au dedans de lui quand il prête l'oreille, et le cri de l'âme humaine, qui s'élève parfois si noble et si pur du fond de la foule. La science même, la plus légitime des aristocraties, n'emporte pourtant pas avec elle la sagesse, et encore moins la vertu. Le plus grossier peut monter bien haut, le plus raffiné peut tomber bien bas. Cet homme, que vous dédai-

guez, il vous vaut déjà par certains côtés, il vaut mieux peut-être ; et
si, par d'autres, il vous est inférieur encore aujourd'hui, il doit vous
atteindre demain ; car ce doit être précisément le bienfait de votre philosophie de l'élever où vous êtes arrivé déjà. *Qui méprise la multitude
méprise la raison elle-même, puisqu'il la croit impuissante à se communiquer et à se faire entendre ;* mais au contraire IL N'Y A DE VRAIE PHILO-
SOPHIE QUE CELLE QUI SE SAIT FAITE POUR TOUS, ET QUI PROFESSE QUE TOUS
SONT FAITS POUR LA VÉRITÉ, MÊME LA PLUS HAUTE, ET DOIVENT EN AVOIR
LEUR PART, COMME DU SOLEIL (1).

Mais je sens, Messieurs, que je ne puis prolonger ces citations, quelque belles qu'elles soient ; et je me borne à rapprocher seulement de la
dernière ces simples mots d'un grand penseur et d'un grand homme de
bien, l'une des plus pures gloires de la Suisse : « Le sol le plus fécond
n'est pas celui qui produit davantage. Les hommes les plus favorisés du
côté de l'intelligence ou de la fortune ne sont pas ceux qui font le plus
de bien. *Soit que vous regardiez à la quantité ou à la qualité des œuvres,
il faut mettre sur le compte des pauvres et des petits en tout genre la plus
grande partie du bien qui se fait sur la terre »* (2).

Vinet dit vrai, Messieurs, c'est le grand nombre qui fait le plus de
bien : c'est lui aussi qui fait le plus de mal ; ne fût-ce que par cette
raison toute brutale qu'il est *le grand nombre.* C'est donc le grand nombre, et non le petit, qu'il importe d'envisager en toutes choses ; c'est lui
qu'il faut, pour assurer le progrès, nourrir plus largement du pain de
l'âme en même temps que du pain du corps ; c'est lui qu'il faut éclairer, élever, moraliser ; c'est sur lui, à la différence de la païenne et bar-
bare antiquité, qu'il faut fonder le grand et durable édifice de la civilisation chrétienne, de la civilisation *humaine ;* et c'est par la participation du grand nombre aux richesses, aux lumières, à la vie, en un mot,
à la vie matérielle et morale, que se mesureront dans l'histoire la prospérité et la grandeur réelles d'une époque. Puisse la nôtre, à cette mesure, ne pas paraître un jour trop diminuée !

## VI

Que si, après cela, et en dépit de considérations si pressantes et si
hautes, il y a encore des gens auxquels les mots font peur, et que celui
de *démocratie* tient en défiance ; s'il y a, pour emprunter les énergiques
paroles du dernier ministre de l'Instruction publique, « *des gens assez
timides et assez étrangers aux nécessités du temps* pour redouter l'instruction libéralement répandue (3) dans tous les rangs de la société, « qu'ils

---

(1) Cette page est de M. E. Havet.

(2) *Esprit d'Alexandre Vinet,* par Astié, t. I, p. 212.

(3) Voy. *Discours de M. Rouland,* ministre de l'instruction publique, à
la distribution des prix des associations polytechnique et philotechnique,
le 8 février 1863.

« regardent donc autour d'eux, » leur dirai-je avec la même autorité ; et
qu'ils se demandent s'il est pour «l'agriculture, pour l'industrie et pour
« le commerce, » c'est-à-dire pour notre richesse et notre bien-être à
tous, un besoin plus urgent que d'appeler «l'intelligence au secours des
bras, et d'agrandir par le savoir la sphère et la puissance du travail ma-
« nuel ! » Qu'ils se demandent s'il est un «plus véritablement magni-
« fique spectacle que celui d'une assemblée nombreuse d'élèves et de
« professeurs, de patrons et d'ouvriers, unis par l'amour du bien, glo-
« rifiant en commun l'étude et le travail ; » et si ce n'est pas réellement et
seulement ainsi qu'en effaçant, au nom de la justice et du bon sens,
toutes les causes du vieil antagonisme social, on accroîtra «le plus efficacement les garanties de la paix et de la prospérité publique ! » Qu'ils
veuillent bien remarquer, c'est encore la même voix qui parle, « qu'en
« conviant les classes (1) laborieuses à une instruction de beaucoup supé-
« rieure à celle du passé, on les appelle, grâce à Dieu, à participer plus
« directement aux impressions, aux affaires et à la vie de la société, » et
qu'ainsi «on marche droit à l'*égalité morale* par la diffusion des lumières
« comme on est allé droit à l'égalité civile par le suffrage universel et
« par le Code Napoléon ! » Mais qu'ils veuillent bien le remarquer surtout (car c'est une considération qui doit aller à toutes les âmes, et plus
spécialement aux plus hautes), «dans cette tâche si difficile, » et parfois si
« résolument accomplie, ce qui soutient, ce qui anime, » ce qui par moments enflamme et transporte, ce ne sont pas des motifs secondaires et de
bas étage, ce n'est pas le faux zèle de l'intérêt alarmé ou le désir équivoque
d'une popularité éphémère ; mais c'est avant tout et par-dessus tout une
vertu, la vertu suprême, la vertu créatrice et vivifiante, « *la vertu mère*
« *du monde nouveau*, LA CHARITÉ. » J'entends une charité plus large, plus
universelle, plus compréhensive et plus haute qu'on ne la définit ordi-
nairement : « *une charité grandie avec les besoins du temps, et qui ne se*
« *constitue pas seulement de la générosité du cœur*, MAIS AUSSI DES CONVIC-
« TIONS INTELLIGENTES DE L'ESPRIT APPLIQUÉ A L'OBSERVATION DES CHOSES SO-
« CIALES, ET VOULANT PARTOUT L'ORDRE AVEC LA JUSTICE ; » en d'autres termes, Messieurs, — et vous voyez que dans ces aperçus généraux je
n'ai pas, autant que j'ai pu en avoir l'air, perdu de vue mon sujet spécial,—de cette étude et de cette prédication généreuse des vérités économiques que je m'honore, pour ma part, et m'honorerai toujours d'avoir
baptisée, voici bientôt dix ans, du nom expressif et nouveau d'*Assistance
intellectuelle* (2).

---

(1) Je reproduis ce mot tel qu'il se trouve dans le discours du ministre ;
mais je ne puis m'empêcher de dire que je ne l'emploierais pas. Il n'y a
plus de *classes* aujourd'hui, il n'y a que des *hommes* dans des situations différentes et variables ; et il n'est jamais sans péril de conserver des expressions inexactes et injustes.

(2) Voy. dans les MÉLANGES ÉCONOMIQUES, de M. Frédéric Passy, le mo r-

Et maintenant je n'ajoute plus qu'un trait, mais un trait décisif, et c'est le ministre actuel qui, après son prédécesseur, va me le fournir : C'est qu'il ne s'agit, dans ce mouvement dont le nom reste suspect, d'abaissement pour personne, mais d'élévation pour tous, « de cette élé-
« vation progressive des plus dignes, *des meilleures*, selon l'expression
« antique (αριστων), qui fait circuler dans tout le corps social une séve
« toujours plus féconde »(1). C'est-à-dire qu'en réalité ce qu'on appelle
« *la démocratie* n'est au fond, pourvu qu'elle soit loyale et sincère, qu'une
« ARISTOCRATIE ; je dis la meilleure, la plus pure, la plus vraie, la plus
« indestructible et la plus parfaite des aristocraties (2).

Sachons donc, à la fin, regarder une bonne fois l'avenir en face, au lieu de rester obstinément fascinés par de vains fantômes; et, sans fermer un moment les yeux sur des périls trop réels, gardons-nous de dire jamais anathème à notre temps et à ses plus nobles tendances. Se plaindre n'est rien, agir est tout. Le salut social est dans nos mains, à toute heure, en tout lieu; c'est à nous de le faire, à toute heure et en tout lieu. Faisons-le donc; faisons-le, pour tout exprimer en deux mots, comme le grand apôtre nous prescrit à chacun de faire notre salut individuel, avec tremblement, sans doute, mais en même temps avec espérance et avec allégresse, « ne nous laissant pas vaincre par le mal, mais *vainquant le mal par le bien.*» Et ne craignons pas, pour résumer ces premières réflexions, de prendre résolument ensemble, pour notre programme et pour notre devise, ces belles et fortes paroles d'une des bouches les plus éloquentes de l'Angleterre, de M. Bright.

Je suis resté souvent debout sur le rivage, alors qu'il n'y avait pas un souffle d'air qui ridât la surface de l'Océan. J'ai vu la marée s'élever, comme si elle était mue par quelque impulsion mystérieuse et irrésis-

---

ceau intitulé : *Causes morales et remèdes moraux des crises alimentaires ; de l'Assistance intellectuelle.*

(1) Voy. Circulaire du 2 octobre 1863.

(2) Que ceux que ces paroles ne persuaderaient pas veuillent bien prendre la peine de méditer la 4ᵉ leçon du IIᵉ volume du *Cours d'économie politique* de Rossi, et notamment ces quelques lignes : « Ce qu'on ne trouvera plus ni en Angleterre ni en Europe, ce qui sera un jour relégué sans retour dans le domaine de l'archéologie, comme l'esclavage, la théocratie, le *wehrgeld*, le duel judiciaire, ce seront les aristocraties artificielles et fermées, en d'autres termes l'inégalité civile et le privilége. *Quant aux aristocraties naturelles*, ouvertes à tous les nobles efforts de la liberté individuelle, de la personnalité humaine, *elles ne sont point incompatibles avec la démocratie*, c'est-à-dire avec l'égalité civile et un gouvernement national; ELLES EN SONT, *au contraire*, L'ORNEMENT, LA DÉCORATION ET LA RÉCOMPENSE. Washington, Franklin, Jefferson, sont des noms que l'Amérique elle-même, quelle que soit aujourd'hui l'intolérance de son ombrageuse démocratie, rougirait d'oublier. »

tible qui lançait successivement les vagues sur le rivage. Nous qui
sommes une grande nation, ayons dans nos âmes ce souffle mystérieux
et irrésistible, cet amour pour la liberté, cet amour pour la justice. Il
nous poussera en avant, en avant toujours, et nous fera obtenir triomphe
sur triomphe, jusqu'à ce que cette nation soit, comme toutes les nations
peuvent l'être un jour, une communauté heureuse et fortunée, que le
monde se proposera pour modèle (1).

DEUXIÈME PARTIE.

Il me resterait encore, Messieurs, pour remplir mon programme, tel
que je me l'étais d'abord tracé, bien des choses, et des plus importantes,
à dire. Mais «qui ne sut se borner ne sut jamais écrire,» a dit Boileau.
Encore moins parler, ajouteriez-vous bientôt si je ne me faisais à temps
à moi-même l'application du précepte; et je m'aperçois que je me suis
laissé entraîner, par le développement de ma thèse principale, à tel
point qu'il ne m'est plus possible de traiter convenablement ce que je
pourrais appeler mes thèses corollaires. Je m'abstiens donc de toute
*exposition* ou *discussion* nouvelle; et je me contente d'*indiquer*, en aussi
peu de mots que possible, pourquoi, en commençant notre entretien, je
signalais avec tant de bonheur dans ces *cours* un fruit de l'initiative individuelle et locale.

I

Ma raison, Messieurs, c'est qu'une œuvre qui intéresse tout le monde,
une œuvre de tous les jours et de tous les lieux, doit être une œuvre de
toutes les mains, de toutes les intelligences et de tous les cœurs; et que
si les membres, comme dans un apologue célèbre, se mettent à donner
à l'envi leur démission, attendant naïvement que l'estomac ou la tête
leur envoient toutes prêtes la nourriture et la vie, ni les membres, ni
l'estomac et la tête ne peuvent longtemps éviter la langueur et le dépé-
rissement. Ma raison, c'est que le fond même de la vie sociale, c'est la
vie individuelle; et que le grand «danger» de notre temps, on l'a dit
assez souvent et d'assez haut, ce n'est pas « l'exagération de l'individua-
lisme ou de l'esprit local, » mais bien plutôt la tendance contraire et
trop habituelle à «*absorber les forces individuelles dans la force collective*»
par cette perpétuelle «*substitution du gouvernement au citoyen*,» et de la
«*tutelle*» à «*l'initiative personnelle*,» qui constitue ce qu'on appelle à
bon droit la « CENTRALISATION ADMINISTRATIVE EXAGÉRÉE » (2).

Je ne suis pas, Messieurs, je vous prie de le croire, de ces esprits
jaloux qui, par quelque motif de bas étage, font sottement aux grands

---

(1) Voy. *Cobden et la Ligue*, par Bastiat, p. 491.

(2) *Discours du prince Napoléon* à l'Exposition de Limoges. — Voy. aussi
le *Discours de l'Empereur* aux exposants de Londres, et le conseil qui y
est si nettement donné à tous de « stimuler chez les individus une
spontanéité énergique pour tout ce qui est beau et utile. »

centres une guerre de tous les jours et à tout propos. Des centres, il en faut à tout ce qui n'est pas dépourvu d'étendue, je le sais, et je trouve tout naturel que de grands États aient de grandes capitales. Mais qui dit CENTRE, dit *centre de quelque chose ;* organe principal, sans doute, mais non organe indépendant et isolé; foyer où la vie afflue comme foyer d'où la vie émane ; cœur, en un mot, où le sang se renouvel e et s'active, mais qui reçoit pour donner et donne pour recevoir. Et s'il en est ainsi, Messieurs, si à toute suprématie correspond nécessairement une dépendance, si l'énergie du grand viscère suppose celle de l'organisme tout entier, et si les capitales, en fin de compte, ne sont et ne doivent être autre chose que l'image et comme l'abrégé des nations qu'elles représentent, le point désigné par la nature et par l'histoire où viennent se concentrer d'eux-mêmes, pour y briller en faisceau avant de se disséminer de nouveau dans tous les sens, les rayons divers part s de tous les points de la surface du pays; tout ce qui relèvera le pays relèvera nécessairement et légitimement la capitale; et, plus le mouvement et la lumière abonderont partout, plus seront grandes et durables en ce lieu privilégié la splendeur et la force.

Voilà pourquoi, Messieurs, avec les hommes qui ont la simplicité de croire que ce sont les unités nombreuses et fortes qui font les grands totaux, et que les corps les plus vastes ne sont autre chose que l'ensemble et la réunion de leurs membres, j'estime que la véritable vie doit venir de partout comme atteindre partout; et c'est l'individu je ne le cache pas, cette véritable monade du corps social, ce point de départ de la liberté humaine, et ce siége de toute activité comme de toute sensation et de toute moralité, qui est à mes yeux la matière même, la matière vivante de toute grandeur et de toute force nationale, le principe et la fin, l'*alpha* et l'*oméga*. Voilà pourquoi j'attache tant de prix, un prix inestimable à tout ce qui, sous une forme quelconque, manifeste ou suscite l'activité spontanée, celle des citoyens, celle des associations, celle des villes ou celle des départements et des provinces. Voilà pourquoi, dans le déploiement de cette activité et de cette initiative trop souvent méconnues, je ne vois pas seulement un devoir et un honneur pour ceux qui en donnent intelligemment et courageusement l'exemple; mais j'y vois aussi, j'y signale et j'y honore hautement un service, un service de premier ordre, rendu par eux à cette grande et commune cause de l'*unité nationale,* au nom de laquelle on les jalouse parfois avec une si maladroite injustice. Voilà pourquoi, enfin, dans la vaste et difficile carrière de l'étude et de l'enseignement, bien loin de faire cause commune avec ce despotisme soi-disant libéral qui, sous le nom d'*instruction obligatoire* (1), prétendrait imposer par décret à toute une nation la

----

(1) Voy. *De l'Enseignement obligatoire,* discussion entre **M. G.** de Molinari et **M. F.** Passy.

manne officielle d'une science et d'une moralité selon la formule, j'appelle avec une ardeur particulièrement vive, j'appelle de toutes mes forces et de tous mes vœux la manifestation plus générale et plus énergique du zèle individuel et du zèle local. «Nous avons vu successivement en France, disait en 1859 M. Babinet, disparaître tous les observatoires de second ordre et tous les établissements qui pouvaient servir d'auxiliaires à l'Observatoire impérial, *écrasé par la multitude des objets qu'il avait à suivre.* Je ne fais que répéter les paroles de Lalande a un demi-siècle d'intervalle.» Cette double plainte de deux savants célèbres *de la capitale* n'est-elle pas significative; et ne montre-t-elle pas bien comment, en faisant le vide autour de soi, la science, comme la richesse, ne réussit qu'à s'appauvrir et s'amoindrir?

II

Oserai-je ici, Messieurs, rappeler un souvenir personnel; et puis-je, après de telles autorités, songer sans présomption à me citer moi-même en reproduisant devant vous quelques-unes des paroles qu'il y a dix-huit mois à peine, dans une ville justement renommée pour sa culture intellectuelle, à Nancy, j'osais faire entendre sur ce grave sujet? Vous en jugerez dans un instant en voyant ce qui m'enhardit à cette citation peut-être insolite.

C'était à un moment solennel, au moment de l'affluence provoquée par les fêtes du *concours régional.* Une Faculté nouvelle, palais magnifique élevé par la ville, à ses frais, et par elle offert à la science, avait été la veille même inaugurée par le ministre en personne, et la grande salle des cours semblait retentir encore de sa voix. C'est dans cette *grande salle* qu'avec son assentiment, et sur l'invitation formelle des professeurs si distingués de cette «Athènes du Nord» qui, en m'accueillant comme un collègue, semblaient vouloir marquer pour l'avenir la place vacante parmi eux de la science économique (1); c'est dans cette grande salle, Messieurs, que j'avais, le premier après le ministre, l'honneur de paraître; et voici les réflexions qu'en présence d'un auditoire véritablement exceptionnel, et avec son approbation unanime, je le crois, les circonstances mêmes de cette apparition exceptionnelle aussi m'amenaient à faire :

« Il ne faut pas craindre de le dire, et de le dire dans une enceinte officielle, la science officielle n'est pas tout et ne suffit pas à tout. Elle aura beau faire, il y a et il y aura toujours à côté d'elle place pour bien des travaux, pour bien des efforts, auxquels ne se plieront jamais assez aisément ses allures nécessairement uniformes et lentes, mais qui

---

(1) Au moment où je prononce ces paroles, la Faculté de droit, réclamée par Nancy, et dont une chaire d'économie semblerait une annexe naturelle, vient d'être rétablie, et c'est la ville encore qui en fait les frais.

répondent pourtant à des besoins réels et parfois impérieux. C'est à
ces besoins que s'adressent, avec une fécondité qui n'est jamais en
défaut, ces cours volontaires et libres de toute nature, — cours individuels, cours municipaux, cours provinciaux, cours littéraires, cours
professionnels, cours scientifiques, cours artistiques, *lectures*, en un
mot, dans l'acception si souple et si variée du mot, — par lesquels, dans
plus d'un pays voisin, et le zèle d'apprendre et le zèle d'enseigner sont
incessamment tenus en haleine, les connaissances de tout ordre sont
répandues à toute heure jusque dans les derniers replis de la population,
et les conditions et les rangs se mêlent en se servant. C'est là, je n'hésite pas à le dire, un usage précieux, et *que nous devons envier hautement
à ces pays*. On voit quelquefois, dans cet enseignement irrégulier, un
rival et un ennemi de l'enseignement régulier ; et l'on craint que la
science ne s'abaisse et ne s'altère en passant ainsi par toutes les mains.
L'expérience atteste qu'il n'en est rien, et que c'est le contraire qui a
lieu. C'est précisément cet enseignement sans titres comme sans hiérar-
chie, cet enseignement intermittent, capricieux, parfois nomade et fan-
tasque si l'on veut, qui, par sa variété même et par ses transformations
conformes à tous les besoins comme à tous les goûts, entretient et ranime
incessamment dans toutes les conditions et dans toutes les localités
ces habitudes de curiosité studieuse et infatigable sans lesquelles les
plus grandes voix sollicitent trop souvent en vain pour les plus grandes
choses l'attention publique. C'est lui qui, en fournissant à chaque idée
un organe, à chaque bonne volonté une tribune, à chaque parole un
auditoire et à chaque oreille la voix qui lui convient, amène les hommes
et les questions à paraître successivement, et à leur heure, au grand
jour. Et c'est lui aussi qui, en modifiant et renouvelant sans mesure
l'inépuisable champ de l'expérience et de l'activité individuelle, marque
peu à peu à chacun sa place et son rang, détermine les tâches selon les
aptitudes, et développe, dans les plus humbles parfois, le germe, d'abord
imperceptible, des grands talents et des grandes renommées. Qui de
nous n'a entendu parler de cette institution féconde des *Privat docent*, qui
a donné et qui conserve, disent les meilleurs juges, à l'enseignement
supérieur, en Allemagne, un lustre incomparable (1) ? Et, si la Belgique,
si l'Angleterre, si la Suisse, non-seulement voient pénétrer partout tant
de notions utiles et saines, mais comptent tant de savants éminents et
font à la science et aux savants une situation si honorable et si belle,
qui ignore qu'elles le doivent avant tout à cet enseignement volontaire
dans la pépinière toujours renouvelée duquel se recrutent incessamment et professeurs et disciples ? »

Voilà ce que je me permettais de dire ; et voici maintenant (et c'est
pour cela que j'ai cru devoir rappeler ce souvenir), voici, Messieurs, ce
que je lis dans le dernier numéro de la *Revue de l'instruction publique* (2),

---

(1) Voy. les réflexions de M. Weiss, dans le *Journal des Débats*, à propos de la notice de M. Guigniaut sur Kreuzer.

(2) Numéro du 10 décembre 1863.

à propos de la mesure, — celle même grâce à laquelle nous sommes ici rassemblés, — qui a, dit la *Revue*, «*rétabli la liberté des cours publics.*»

« Cette mesure, en dehors de son caractère éminemment libéral, sera certainement féconde en heureux résultats, et prendra place, aux yeux des hommes de tous les partis, parmi les actes les plus justement populaires du ministre. Maintenant, du moins, l'instruction sera mise à la portée de tous ; le goût des saines études se propagera dans toutes les classes de la société ; les jouissances intellectuelles pourront faire une heureuse concurrence soit aux récréations purement matérielles, soit à la torpeur et à l'engourdissement des intelligences qui s'étiolent loin des grands centres littéraires et scientifiques. L'UNIVERSITÉ ELLE-MÊME RETIRERA DE CETTE INNOVATION DES PROFITS IMMÉDIATS : une foule de jeunes gens instruits, capables, habiles à manier la parole, pourront se faire connaître, acquérir l'expérience de l'enseignement public, et se distinguer assez pour mériter l'honneur d'entrer dans les Facultés, vers lesquelles une grande et large voie leur est désormais ouverte. *A l'œuvre donc, vous tous qui possédez des connaissances utiles et qui vous sentez la force de les communiquer aux autres*; RIEN NE VOUS ARRÊTERA PLUS MAINTENANT ; *et vous connaîtriez mal le prix de la science qui est en vous, si vous ne vous considériez comme de simples dépositaires d'un bien qui appartient à tous, et que vous êtes chargés de répandre autour de vous.* ON NOUS A REPROCHÉ ASSEZ SOUVENT NOTRE INFÉRIORITÉ SOUS CE RAPPORT, *en nous comparant aux autres peuples* ; LE MOMENT EST VENU DE FAIRE NOS PREUVES ; *et nous espérons, pour l'honneur des hautes études françaises, que le ministre ne nous aura pas fait un vain don en accordant à la science* CETTE LIBERTÉ DE PAROLE, QUI EST LE PLUS PUISSANT DE TOUS LES INSTRUMENTS DE MORALISATION ET DE PROGRÈS. »

Messieurs, je ne dissimulerai pas que j'aime mieux avoir à *lire* ces choses qu'à les *dire ;* mais je ne dissimulerai pas davantage que je les lis avec un vif plaisir ; et, en m'associant aux réflexions du rédacteur de la *Revue de l'instruction publique*, je crois pouvoir féliciter sans détour la ville de Nice d'avoir su être du nombre encore trop restreint de celles où va se donner l'exemple. Je remercie donc de nouveau, et du fond du cœur, la chambre de commerce à laquelle est due la première pensée de ces leçons. Je remercie, avec la municipalité dont nous sommes les hôtes, l'administrateur distingué qui dirige ce département (et dont j'avais pu déjà connaître ailleurs l'esprit éclairé et libéral) (1), d'avoir, comme ils l'ont su faire par leur bienveillant empressement, facilité et agrandi la réalisation de cette excellente pensée. Je remercie enfin les honorables collègues qui, en joignant si spontanément leurs

---

(1) M. Gavini de Campile, alors préfet de l'Hérault, a été l'un des promoteurs du cours d'économie politique de Montpellier, le premier qui ait commencé à réaliser en France la propagation de ces « sages doctrines » encore si peu propagées, et c'est en sa présence que j'ai eu l'honneur de l'ouvrir le 1ᵉʳ décembre 1860.

voix à la mienne, consacrent en quelque sorte, avec l'accord des sciences, l'ère nouvelle proclamée par les lignes que je lisais à l'instant, et montrent que l'Université, malgré ses labeurs officiels, peut fournir, elle aussi, des volontaires à l'enseignement libre. C'est un sacrifice pour eux que ce surcroît de fatigue et d'études, et nous ne devons pas l'oublier; mais ce sacrifice, j'ose le leur garantir, ne sera pas fait en pure perte. Qui sait si leur exemple ne va pas réveiller ailleurs des dévouements qui s'ignorent et encourager des timidités qui hésitent, et si, à l'imitation de ce qui commence ici, ne surgiront pas sous peu, sur plus d'un point, d'utiles et nouveaux centres de lumière et d'études, créations, eux aussi, de l'initiative individuelle et locale ? Qui sait surtout si, ici même, cette institution, aujourd'hui naissante, n'est pas destinée à devenir le germe de quelque grand et splendide progrès; si cette première pierre que, d'une main encore mal assurée, je pose en ce moment devant vous, n'est pas la base imparfaite mais durable d'un vaste et imposant édifice que développeront et achèveront des mains plus puissantes; et si quelque jour, sur ce sol en quelque sorte marqué pour une telle destination, dans ce pays aux intelligences limpides comme son ciel et riantes comme son climat; à ce confluent sans cesse accru et renouvelé où se rencontrent et se mêlent, comme des eaux fécondes, toutes les nationalités et toutes les traditions, toutes les idées et toutes les aptitudes, nous ne verrons pas s'élever comme d'elle-même une immense *Faculté internationale*, réunissant devant un auditoire cosmopolite toutes les sciences et toutes les langues de l'Europe, et donnant, par la fraternité croissante de l'intelligence, comme un avant-goût de cette fraternité des peuples qui est le rêve de l'avenir, et qui sera un jour, qui sera bientôt peut-être, — si nous savons la comprendre et la vouloir, — la sainte et glorieuse réalité du présent?

## III

La fraternité des peuples, Messieurs, que ce soit là, dans cette ville et en ce moment, — dans ce temps de paix partout menacée, et devant cet auditoire «de toute langue et de toute nation, » — la dernière parole qui tombe aujourd'hui de mes lèvres. J'aurais dû, semble-t-il (et jusqu'à présent je l'ai fait partout); j'aurais dû, dans ce premier entretien, donner un aperçu rapide de la science dont j'ai à vous exposer les lois, en indiquer le caractère, en marquer le but, en démontrer la légitimité, l'utilité, la nécessité même, et vous mettre ainsi en garde contre les objections et les préventions imméritées qui trop souvent ont éloigné d'elle les meilleurs esprits. Mais cette justification préalable, Dieu merci! commence à n'être plus aussi indispensable qu'elle l'était naguère encore; et l'on n'a plus, avant de s'avouer *économiste*, à conjurer aussi humblement le public de vouloir bien, en dépit de la rime, ne pas tenir absolument ce mot pour synonyme de *matérialiste*, *d'anarchiste*, de *communiste* ou autres énormités en ISTE. Les noms des Adam Smith, des Turgot, des Say, des Bastiat, des Droz ou des Rossi, — pour ne parler que des morts, — ne sont plus des noms irrémissiblement voués à l'exécration et au mépris; et l'on peut, sans grand courage, se proclamer désormais leur disciple et se ranger sous leur bannière. Peut-être même, depuis que « la propagation des sages doctrines de l'économie politique » est devenue « le devoir » en quelque sorte officiel des « bons citoyens, » a-t-on pu s'étonner, en quelques circonstances, du nombre inattendu des « bons citoyens » empressés à se signaler par cette vertu nouvelle; et les véritables adeptes de la science, s'ils avaient eu l'esprit plus porté à l'ironie, auraient pu quelquefois, à l'occasion de ces coréligionnaires de fraîche date, rappeler en souriant ces lignes charmantes et tristes de M^me de Sévigné : « Jusqu'à présent les dragons ont été d'excellents missionnaires; les prédicateurs achèveront l'œuvre, en apprenant aux gens pourquoi ils se sont convertis. » Cet *achèvement de l'œuvre* ne manquera pas du moins, espérons-le, puisque de nouvelles chaires surgissent enfin ; et ceux qui ne connaissent pas assez le *pourquoi* de leur conversion pourront trouver désormais, s'ils tiennent vraiment à le savoir, des *prédicateurs* pour le leur apprendre.

Tout ce que je crois devoir dire à cet égard aujourd'hui, — sauf à en donner la démonstration dans toutes mes leçons, — c'est que l'économie politique, fondée tout entière sur le déploiement de *la liberté dans la justice,* n'est pas au fond autre chose, comme on l'a parfaitement dit, que « la morale chrétienne de l'homme juste appliquée au développement de la société» (1). C'est que si elle est par un côté la science du bien-être, ou, comme l'écrivait justement naguère un théologien fameux (qui a merveilleusement compris sa valeur morale, et mis en parfaite lumière l'accord de ses principes essentiels avec les préceptes fondamentaux de l'Évangile), « *la science du pain* » (1), elle est aussi, elle est avant tout, elle est par essence la science de la justice, la science de la responsabilité, la science du respect mutuel et de la solidarité féconde; car elle est la science du pain *gagné*, non du pain *volé*, du bien-être conquis par l'intelligence et par l'effort, non du bien-être surpris par la fraude ou ravi par la violence, *la science du travail volontaire et la science du travail concerté.* C'est que la liberté enfin, qui est le fond de l'homme, en est le premier mot, l'harmonie le dernier; et que la paix, la paix comprise et grandissante, la paix avec soi-même et la paix avec autrui, la paix sociale d'abord et la paix internationale ensuite, est la conclusion la plus claire de tous ses enseignements, et le

---

(1) M. Rondelet, *le Spiritualisme en économie politique*, p. 369.

(2) Le R. P. Gratry, *Commentaire sur l'évangile selon saint Matthieu,* notamment au dernier chapitre sur « LA MULTIPLICATION DES PAINS. »

but qu'au terme de toutes ses voies elle révèle à l'envi à ceux qui l'étudient et la comprennent.

Il y a, Messieurs, il y a, de par le monde, et en grand nombre encore, des hommes qui vont professant que les intérêts, — intérêts individuels ou intérêts collectifs, — sont opposés et contradictoires ; que « le profit de l'un, » comme disait Montaigne, « est le dommage de l'autre, » que « ce que l'un gagne, » comme disait Bacon, « un autre le perd, » et qu'ainsi c'est fatalement aux dépens d'autrui que, tous tant que nous sommes, individus ou peuples, nous avons été condamnés à soutenir ou à agrandir notre existence. Il y a d'autres hommes qui, ne voyant dans les intérêts humains que des combinaisons arbitraires et changeantes de la loi et de la coutume, s'imaginent que les sociétés se manipulent et se refondent au gré des réformateurs ou des princes, et qui volontiers appliqueraient au *grand œuvre* de la régénération sociale cette recette de je ne sais plus quel alchimiste du moyen âge : « Prenez de n'importe quoi, autant qu'il vous plaira, et traitez-le comme vous l'entendrez ; *recipe aliquid ignoti quantum volueris*» (1). Je n'hésite pas à le leur dire en face, Messieurs, ce sont ces deux races d'hommes qui sont dans le monde le levain maudit de la discorde et de la misère ; ce sont eux qui maintiennent obstinément les sociétés dans la violence et dans le désordre. Car le désordre et la violence sont la seule conclusion logique de leurs doctrines funestes ; et aussi longtemps que ces doctrines prévaudront, aussi longtemps que le hasard et l'antagonisme continueront à être, par de prétendus *hommes pratiques*, ennemis déclarés de toute *théorie* et de tout *principe*, solennellement érigés en théories fatales et en honteux principes, ce sera en vain que nous soupirerons après la justice et que nous implorerons la paix. Le monde restera livré à l'utopie, à l'arbitaire, à la cupidité et à l'égoïsme ; la richesse ne sera qu'une exception précaire et une proie sanglante ; et il faudra nous résigner, quoi que nous en ayons, à répéter douloureusement sur les individus en lutte et sur les peuples en guerre, cet arrêt fatal d'un ancien : « L'homme n'est qu'un loup pour l'homme, *homo homini lupus.* »

## IV

Mais ce mot fatal, Messieurs, la science économique le répudie et le condamne ; car ce sont précisément les deux erreurs de ces deux races d'hommes qu'elle sape par la base. Aux uns, aux partisans de l'arbitraire et du hasard, elle dit et elle montre par l'expérience même, par l'*observation* attentive et prolongée *des faits sociaux*, que ces faits ont leurs lois non moins certaines que celles de la nature physique ; que rien n'est à l'abandon dans l'univers ; que la pensée souveraine de Dieu n'est pas plus absente du monde des volontés et des actions humaines

---

(1) Rhasès, *Recette infaillible pour faire de l'eau-de-vie.*

que du monde des phénomènes matériels; et que sous ce prétendu hasard de la surface dont se prévalent la paresse, la cupidité et l'ignorance,
se cache un ordre sublime et profond que la raison découvre, que la
sagesse respecte et que la droiture bénit. Aux autres, aux doctrinaires
de l'antagonisme et aux apôtres de la haine, elle enseigne que ces lois
(comme celles du monde physique encore) se résument en une seule loi
suprême, la justice, et aboutissent à l'harmonie. Et, tandis que le so-
cialisme, l'empirisme, et ce faux patriotisme qui se compose de jalousie
étroite et d'orgueil mal placé, répétant avec Montaigne et Bacon les
tristes axiomes de la morale de la spoliation et de l'envie, poussant à
toute heure, les uns contre les autres, individus et nations, ne cessent
d'exciter les forts à l'oppression et les faibles à la révolte, — la science,
plus heureuse, trouvant dans la justice et dans l'amour la satisfaction de
tous les besoins et la raison de tous les progrès, arrive à répéter, au
nom de l'intérêt, par la bouche de ses maîtres les plus autorisés, ces
paroles jadis prononcées au nom du devoir : « Aimez-vous, aidez-vous
les uns les autres; car vous êtes tous frères, tous membres solidaires de
la grande famille sociale » (1) et de la grande famille humaine. Elle
inscrit, au frontispice de son monument le plus sublime, — les immor-
telles *Harmonies* de l'immortel Bastiat, — le mot même qu'arrachait aux
Kepler et aux Newton la contemplation des grands mystères du Ciel : « *Di-
gitus Dei est hic*, le doigt de Dieu est ici. » Et elle fait enfin, à la face de la
terre, proclamer par la voix retentissante des conducteurs des nations,
cette maxime qui renverse tous les errements de l'ancien machiavélisme
et inaugure une politique nouvelle : « PLUS UN PEUPLE EST RICHE ET PROSPÈRE,
PLUS IL CONTRIBUE A LA RICHESSE ET A LA PROSPÉRITÉ DES AUTRES » (2).

V

Elle triomphera, Messieurs, cette politique nouvelle, méconnue et ba-
fouée jadis par les plus beaux génies eux-mêmes, et maintenant proclamée à l'envi par toutes les grandes voix qu'écoutent les hommes, voix
du philosophe, voix du prêtre, voix des écrivains illustres et voix des
souverains. Elle triomphera, et dans ce triomphe une grande part, une
part croissante, reviendra justement à la science qui en ce moment vous
fait appel par ma bouche : car, si cette science n'est pas (et elle n'a
garde d'y prétendre) l'inspiratrice unique et première de ces nobles
désirs, de ces généreuses pensées, de ces vues élevées et larges dont la
réunion forme enfin le grand courant pacifique qui nous entraîne vers
des rives meilleures; elle n'est restée du moins, elle a le droit de le
dire, étrangère à aucun de ces désirs, de ces pensées et de ces vues.
Ce n'est pas elle qui a fait la foi du prêtre, la doctrine du philosophe ou
le coup d'œil de l'homme d'État ou du souverain; mais c'est elle,

---

(1) Voy. *le Salaire*, par M. Charles Le Hardy de Beaulieu, *Conclusion*.
(2) *Discours de l'Empereur* à l'ouverture de la session de 1860.

croyez-le bien, qui, en offrant à tous, — souverain ou philosophe, prêtre ou homme d'État, — un terrain neutre et solide où pussent se rencontrer enfin leurs aspirations les plus pures et les meilleures, a préparé, a commencé, et achèvera s'il plaît à Dieu, cette réconciliation nécessaire de toutes les grandes choses, qui seule peut calmer nos agitations et guérir nos plaies. C'est elle qui en donnant, par l'analyse et par l'étude, par la démonstration et par les faits, un corps chaque jour plus ferme aux divins préceptes de la justice et de l'amour, ajoute à l'autorité de la loi morale la force pour ainsi dire irrésistible de la loi matérielle, et nous amène enfin à vouloir en tout, ne fût-ce qu'à cause *du reste*, cette « *justice du royaume de Dieu* » qu'il faut « *chercher avant tout,* » mais qui « *donne par surcroît tout le reste.* »

Et si vous voulez, Messieurs, avant de nous séparer, mesurer comme d'un coup d'œil ce progrès parallèle de la justice et de la science, écoutez ces paroles par lesquelles je termine.

Au siècle dernier, un homme de bien, l'abbé de Saint-Pierre, pour avoir parlé légèrement de Louis XIV, et de ces guerres dont le *grand roi* lui-même, à son lit de mort, avait senti sa conscience si lourdement embarrassée, se voyait brutalement *exclu* de l'Académie française; et, pour avoir, sans trève et sans relâche, consacré à la prédication de la paix tous les jours de sa longue carrière, il mourait, à 85 ans, avec la réputation, qui lui reste trop encore, de n'avoir été qu'un maniaque respectable et un fou bienfaisant (1).

Il y a vingt ans, un illustre philosophe, — qui s'est parfois montré sévère pour les Économistes, mais qui pourtant, comme le fondateur de la science, le philosophe Adam Smith, a prouvé plus d'une fois aussi que la philosophie et l'économie politique sont sœurs, — M. V. Cousin, dans un travail sur A. Smith précisément, écrivait cette page qui semble n'être qu'un magnifique commentaire de ce mot célèbre du plus grand guerrier de notre âge : « *Toute guerre européenne est une guerre civile,* » et il l'écrivait sans risquer un moment, que je sache, de se voir exclu de l'Académie devant laquelle il la lisait ni d'aucune autre.

L'Europe est un seul et même peuple, dont les différentes nations européennes sont des provinces ; et l'humanité entière n'est qu'une seule et même nation qui doit être régie par la loi d'une nation bien ordonnée, à savoir : la loi de justice, qui est la loi de liberté. La politique est distincte de la morale ; mais elle n'y peut être opposée. Et qu'est-ce que toutes les maximes inhumaines et tyranniques d'une politique surannée devant les grandes lois de la morale éternelle ? *Au risque d'être pris pour ce que je suis, c'est-à-dire pour un philosophe, je déclare que je nourris l'espérance de voir peu à peu se former un gouvernement de l'Europe entière*, à l'image du gouvernement que la révolution française a donné

_______________

(1) Voy. *l'Abbé de Saint-Pierre, membre exclu de l'Académie française,* par M. G. de Molinari.

à la France. La Sainte-Alliance, qui s'est élevée il y a quelques années
entre les rois de l'Europe, est une semence heureuse que l'avenir déve-
loppera, non-seulement au profit de la paix, déjà si excellente en elle-
même, mais au profit de la justice et de la liberté européenne (1).

Un peu plus tard, en 1848, un économiste célèbre, M. Michel Cheva-
lier, citant et commentant à son tour le philosophe, se demandait « ce
que serait l'Europe dans cinquante ans ou seulement dans vingt, si les
millions d'hommes dont le système des grandes armées permanentes
ravit à la production l'intelligence et la force, les milliards que le
démon de la guerre retranche tous les ans du revenu des nations (sauf ce
qu'il en faudrait pour assurer la sûreté publique), recevaient l'emploi
que la raison recommande, que la liberté conseille ! »

Et il ajoutait, à l'adresse de notre pays plus spécialement, ces paroles
d'un patriotisme plus vrai que celles dont le bercent trop souvent les
prétendus amis de sa grandeur et de ce qu'ils appellent sa *prépondérance.*

Il appartient à la France plus qu'à personne de prendre l'initiative de
tout ce qui est propre à affermir la paix. Ses ennemis l'avaient crue
abattue en 1815. La voilà relevée et maîtresse de la situation. Grand
Dieu ! inspirez-lui la résolution ferme de n'user de ses avantages qu'au
profit de votre céleste loi d'union et au dedans et au dehors ! Elle le
doit pour ne plus déchoir ; elle le doit pour se faire définitivement par-
donner le dommage qu'ont causé jusqu'ici ses passions belliqueuses (2).

Aujourd'hui, à cette heure où je vous parle (car en ce moment même
l'Europe entière s'étonne et se recueille autour de cette proposition inat-
tendue), aujourd'hui, Messieurs, cette juridiction de famille rêvée par
le bon abbé de Saint-Pierre, ce gouvernement à venir de l'Europe salué
de loin par M. Cousin, cette *initiative* pacifique de la France appe-
lée par toutes les illustrations économiques, mais raillée par le dédain superbe des hommes *sérieux ;* cette réforme enfin que l'utopie, à
ce qu'il paraissait, s'entêtait seule et s'entêtait en vain à conseiller à la
France et à l'Europe, nous la voyons, par une déclaration solennelle,
entrer tout à coup avec éclat dans le domaine des choses pratiques, et y
entrer, quel que soit son avenir de demain, comme de telles choses y
entrent, pour n'en plus sortir. C'est au nom du peuple le plus renommé
pour la puissance de ses armements et l'ardeur passionnée de ses instincts
belliqueux que l'idée d'un apaisement général et d'un désarmement universel est jetée dans le monde. Et c'est le souverain auquel le monde,
de son aveu même, « attribue le plus de pensées ambitieuses » et de
désirs de prédominance oppressive sur ses voisins qui, frappé des retours
chaque fois plus terribles de ces éternels différends que nulle guerre,
quoi qu'on en ait dit, n'a jamais su trancher, vient spontanément sou-

---

(1) *Travail sur A. Smith*, lu par M. Cousin à l'Académie des sciences
morales et politiques, en novembre 1846.

(2) *Lettres sur l'organisation du travail*, p. 347 et suiv.

mettre à ses voisins le projet de les dénouer enfin par un arrangement amiable, et, montrant dans la force une obligation en même temps qu'une condition de la modération et de la prudence, ne veut demander désormais à la puissance matérielle, que nul ne lui conteste, d'autre privilége que celui de s'incliner le premier, en y conviant les autres, devant « la puissance morale d'un *arbitrage européen* » (1).

Je n'aime point, Messieurs, à sortir de mon domaine, parce que dans mon domaine j'aime à conserver sans atteinte toute la liberté et toute la franchise de mes allures. Je n'aurai garde, par conséquent, ni aujourd'hui ni jamais, d'entraîner inconsidérément la science sur le terrain brûlant de la politique contemporaine ; et je laisse à d'autres paroles ou à d'autres plumes l'examen des chances favorables ou contraires que peut rencontrer pour le moment la réunion d'un congrès européen. Encore bien moins me mêlerai-je d'apprécier devant vous les motifs, bons ou mauvais, de la résistance des uns ou de l'empressement des autres. C'est assez que l'idée en soit lancée dans le monde, et il me suffit de pouvoir, au nom de la science et sans sortir de l'impartialité sereine de cette région des principes où se rencontrent unanimement les véritables économistes, non-seulement avouer hautement cette grande idée, mais la revendiquer comme un fruit tardif et précieux de leurs enseignements et de leurs appels. Il me suffit de pouvoir, en commençant devant vous ces entretiens sur la *Science de la paix*, constater avec vous ce progrès constant du glorieux et saint prestige de la paix dans les esprits et dans les cœurs. Il me suffit enfin, en terminant ce premier et trop long entretien, de pouvoir prononcer fermement devant vous, comme le meilleur aperçu de mon enseignement, cette belle et véhémente apostrophe que, si vous me faites l'honneur de revenir m'entendre, je ne désespère pas de vous faire répéter d'une seule voix, en nous séparant à la fin de ces leçons, comme le meilleur et le plus fidèle résumé de toutes mes paroles :

*« Regardons en face l'admirable idéal d'une paix habituelle, générale et croissante, d'une paix sociale et internationale dans la justice et le progrès, d'abord au milieu des chrétiens, puis sur le globe entier. Sans rien prédire sur ce qui sera, j'affirme que le devoir et la gloire de tout homme serait de travailler jusqu'à son dernier souffle à établir cette paix de Dieu au sein du monde entier. Qui osera me contredire (2) ? »*

---

(1) Il n'est peut-être pas sans intérêt de remarquer que cette idée d'un arbitrage suprême, destinée à sauvegarder la paix du monde civilisé, qui a frappé comme une nouveauté née des circonstances dans le dernier discours impérial, a été exposée et développée, il y a vingt ans, dans les Idées napoléoniennes, avec beaucoup de clarté et de force. Voy. Napoléon III publiciste, par M. G. de Molinari.

(1) *La Paix*, par le R. P. Gratry, p. 26.